돈의 모든 것

십대톡톡_06

돈의 모든 것

펴낸날 초판 1쇄 2024년 11월 22일

글 김성호 | **그림** 박상훈

편집 이정아 | **디자인** 캠프 | **홍보마케팅** 이귀애 이민정 | **관리** 최지은 강민정

펴낸이 최진 | **펴낸곳** 천개의바람 | **등록** 제406-2011-000013호

주소 서울시 영등포구 양평로 157, 1406호

전화 02-6953-5243(영업), 070-4837-0995(편집) | **팩스** 031-622-9413

ⓒ 김성호, 2024 | ISBN 979-11-6573-582-1 43320

김성호 글
박상훈 그림

천개의바람

머리말

돈이 없던 시절, 인류는 물물교환으로 필요한 물품과 서비스를 구했어요. 물물교환으로 거래하려면 서로가 동시에 상대방이 원하는 것을 갖고 있어야 했는데, 이런 상대방을 찾기가 쉽지 않았어요. 이것을 욕망의 이중적 일치라고 해요. 물물교환의 이런 문제점을 해결하기 위해 등장한 것이 돈이에요.

인류가 처음 돈을 사용한 때는 약 6000년 전이었어요. 그때는 소금, 조개, 옷감, 동물과 같은 물품이 돈으로 사용되었어요. 그래서 이것을 물품화폐 혹은 상품화폐라고 불렀어요. 돈의 역사를 유심히 관찰해 보면, 기술적으로 가장 뛰어난 것이 돈으로 선택된 것을 알 수 있어요. 예를 들어, 상품화폐는 금속을 녹여 원하는 형태로 만드는 주조 기술이 등장하면서 금화, 은화와 같은 금속화폐에 밀려났어요. 금속화폐는 훗날 인쇄술이라는 기술이 보급되면서 지폐에 밀려 잔돈으로 전락했고요. 지폐는 디지털 기술이 발전하면서 오늘날에는 점점 그 모습이 보기 힘들어졌어요.

이처럼 돈의 주역이 금속에서 종이로, 종이에서 디지털 숫자로 바뀌는 동안 돈의 가치를 보장하는 담보도 바뀌었어요. 금속 화폐의 시대에는 금속 그 자체가 가치였어요. 반면 지폐는 가치가 거의 없는 종이여서 금과 은이 지폐의 가치를 보증해 줬어요. 그래서 지폐는 금과 은을 바꿀 수 있는 교환권이었어요. 역사는 이 시기를 금(은) 본위제라고 기록하고 있어요.

하지만 20세기 중반에 인류가 금 본위제를 포기하자 정부가 금을 대신해 지폐의 가치를 보장해 줘야 했어요. 이것을 법정통화라고 불러요. 오늘날 모든 국가는 자신들이 원하는 때에, 원하는 만큼, 원 없이 화폐를 발행할 수 있어요. 대신 그만큼 물가가 오르는 부작용도 뒤따랐어요.

이 책은 돈에 관한 가장 기본적이고 기초적인 지식을 다루고 있어요. 역사적 사례를 통해 어렵게 느껴질 수 있는 경제 용어와 이론을 쉽게 이해할 수 있도록 구성했어요. 재미있게 읽어주시면 감사하겠습니다.

2024년 원주에서
김성호

차례

머리말 • 004

1

비트코인은 화폐가 될 수 있을까?

2

돈은 어떻게 만들어질까?

비트코인은
화폐가 될 수
있을까?

2010년 5월 22일, 미국 남성 라즐로 하니에츠는 인터넷에 글을
올렸어요.

> "내게 피자 두 판을 사 주는 사람에게 비트코인 1만 개를
> 드리겠습니다."

며칠 뒤, 어떤 영국인이 이 제안을 받아들였어요. 영국인은
파파존스에 전화를 걸어 피자 두 판을 주문한 다음 하니에츠의
집으로 보내줬어요. 그리고 약속대로 1만 개의 비트코인을 받
았어요.

이것이 비트코인으로 물건을 구매한 최초의 기록이에요. 이

라즐로 하니에츠가 비트코인으로 산 피자

역사적인 날을 기념하기 위해 지금도 매년 5월 22일을 피자 데이pizza day라고 부르고 있어요.

당시 비트코인 1만 개의 가치는 약 5만 5000원이었어요. 그런데 피자 데이 14주년이 되는 2024년 5월 22일에는 그 가치가 무려 9500억 원이 되었어요. 라즐로 하니에츠는 역사상 가장 값비싼 피자를 먹은 셈이에요.

글로벌 금융 위기

||||||||||||||||||||||||||||||||||||||||||

2008년 9월 15일, 미국 은행 리먼 브라더스가 파산 신청을 했어요. 그리고 같은 날, 은행 업계 3위의 메릴린치가 다른 은행에 팔렸어요. 불과 하루 동안에 미국이 자랑하는 세계 4대 투자 은행 중 두 개가 힘없이 무너지자, 후폭풍이 전 세계를 강타했어요. 이것이 제2차 세계대전 이후 최대의 경제 위기라 불리는 글로벌 금융 위기예요. 여기서 잠시 시간을 거꾸로 돌려볼게요.

한일 월드컵으로 뜨거웠던 2002년 여름, 미국은 주택 가격이 연일 오르고 있었어요. 주택을 사 두면 큰돈이 된다는 말에 자극을 받은 미국인들은 집을 사려고 의욕을 불태웠어요.

"땡빚을 내서라도 집을 사겠어!"

그런데 집은 상당히 비싼 물건이에요. 한 채에 수억 원이 넘기 때문에 어지간한 부자가 아니라면 마트에서 우유를 사듯 한 번에 값을 치를 수 없어요. 그래서 주택을 구입하려는 사람들은 흔히 은행과 같은 금융 기관에서 돈을 빌려요.

너도나도 집을 사려고 하자 돈을 빌려주는 금융 기관들은 쏠쏠하게 돈을 벌었어요. 주택 구매 자금을 빌려주는 조건으로 이

자를 받았거든요.

하지만 은행과 같은 금융 기관은 아무한테나 대출해 주지 않아요. 직업이나 월급, 가지고 있는 재산이나 신용도 등을 꼼꼼하게 조사해서 믿을 만한 사람에게만 대출해 줘요. 즉 대출 심사를 하는 거예요. 만일 돈을 빌려줬는데, 갚지 않으면 금융 기관이 낭패를 보니까요.

그런데 처음에는 까다롭게 대출해 줬던 미국의 금융 기관들이 집값이 계속 오르자, 대출 심사를 느슨하게 하기 시작했어요.

> "니나NINA 대출이라는 게 있어요. 수입도 없고(No In-come), 자산도 없는(No Asset) 사람에게도 해주는 대출이에요. 사람들은 어떤 말도, 어떤 것도 증명할 필요가 없어요. 단지 살아 있는 사람이면 돼요. 맥박이 뛰는 것만 알려주면 돈을 척척 내줬어요. 믿기 힘들겠지만, 오하이오주州에서는 이미 죽은 23명의 이름으로 대출을 받은 사건도 있었어요."▶

아니, 이러다가 돈을 못 갚으면 어떻게 하냐고요? 금융 기관도 믿는 구석이 있었어요. 대출을 해주면서 고객이 사려는 주택을 담보로 잡았거든요. 말하자면 주택을 인질로 잡아 둔 거예

요. 만약 고객이 돈을 갚지 못하면, 은행은 담보로 잡은 주택을 팔면 되니까요. 어차피 주택 가격은 계속 오르고 있었기 때문에 주택을 팔면 빌려준 돈을 회수하고도 남았어요.

하지만 세상에 영원한 것은 없죠. 끝도 없이 오를 것 같던 주택 가격이 2006년을 기점으로 갑자기 추락하기 시작했어요. 난리가 났죠. 무리하게 대출을 받아 주택을 산 사람들은 앞이 캄캄했어요. 빌린 돈을 갚으려고 살던 집을 내놨지만 아무도 사지 않았어요. 다들 패닉 상태에 빠져 집을 내놨기 때문이에요.

사람들이 돈을 갚지 못하자 여기에 투자한 수많은 은행, 보험사, 헤지 펀드도 덩달아 막심한 손해를 입었어요. 문을 닫을 위기에 처했지요. 발등에 불이 떨어진 금융 기관들은 돈을 마련하기 위해 전 세계에 투자한 돈을 급히 회수했어요. 주가가 하락하며 주식 시장이 붕괴됐죠. 이것이 글로벌 금융 위기의 내막이에요.

세계 경제는 직격탄을 맞았어요. 최소 750만 명의 미국인이 일자리를 잃었고, 수백만 명이 집과 저축한 돈을 잃었으며, 34억 달러에 달하는 부동산 자산이 여름날 아침의 이슬처럼 증발

헤지 펀드hedge fund
헤지hedge는 '회피하다'라는 뜻이고, 펀드fund는 여러 사람이 대신 투자해 달라고 낸 돈이에요. 뜻만 보면, 헤지 펀드는 위험을 회피해 안전한 자산에 투자하는 돈뭉치 같지만, 현실은 그 반대예요. 오늘날 많은 헤지 펀드는 높은 이익을 얻기 위해 위험도가 높은 자산에 공격적으로 투자하고 있어요.

했어요. 피해 금액은 최소 30조 달러(약 4경 원)였어요. 화들짝 놀란 미국과 유럽은 위기에 빠진 금융권을 구하기 위해 막대한 돈을 쏟아부었어요.

하지만 이 참사의 원인을 제공한 미국 대형 금융 기관의 CEO 중에서 감옥에 간 사람은 아무도 없었어요.▶ 은행원 한 명이 30개월 징역형을 받은 게 처벌의 전부였어요.

그런데 이 과정을 지켜보며 한숨을 쉬는 사람들이 있었어요. 절대로 안전하다고 믿었던 은행들의 파산, 그 부실한 은행을 살리겠다며 돈을 펑펑 찍어 내는 정부, 이를 곱지 않은 눈으로 보던 이들은 우리가 사용하는 '돈'과 그 '돈'을 만들고 공급하는 중앙정부와 은행이라는 시스템을 깊이 불신하게 되었어요.

"얘네를 정말 믿어도 되는 걸까?"

프로그래머 사토시 나카모토도 그런 사람 중 한 명이었어요. 2008년 10월 31일 핼러윈 축제가 한창이던 날, 사토시 나카모토는 기묘한 백서 한 편을 인터넷에 업로드했어요. 9페이지, 2736개 단어로 된 이 짧은 백서의 제목은 '비트코인, 개인 간 전자 현금 시스템'이었어요.

탈중앙화란 무엇일까?

||||||||||||||||||||||||||||||||||||||||||||||||||||||||||||

그런데 백서가 뭘까요? 백서白書는 풀이하면 흰색 서류, 영어로는 화이트 페이퍼white paper라고 해요. 백서는 영국 정부가 국민에게 어떤 현상을 설명할 때 작성한 보고서에서 유래했어요. 그 보고서 표지가 흰색이어서 백서라고 불리기 시작했죠. 그러니까 비트코인 백서는 비트코인이 대체 무엇인지를 사람들에게 알려주는 글이에요. 사토시 나카모토는 백서에서 무엇을 말하고 싶었던 걸까요?

모바일 결제 서비스, 인터넷 뱅킹, 송금, 출금, 입금, 현금 서비스 등등, 오늘날 우리가 사용한 돈의 내역은 은행이나 신용카드 회사 같은 금융 기관을 거쳐요. 비유하자면 부동산 사장님을 통해 아파트를 사고파는 것과 비슷해요. 부동산 사장님은 건물을 사려는 사람과 팔려는 사람을 중간에서 연결해 주고 그 대가로 수수료를 받아요. 이처럼 금융 기관도 수수료를 받아요. 또 거래 기록은 빠짐없이 해당 금융 기관의 중앙 서버에 저장돼요. 이것을 '중앙 집중식 금융'이라고 불러요.

사토시 나카모토는 이 중앙 집중식 금융에 문제가 많다고 생각했어요. 수수료를 내는 것도 아깝고, 어떤 사악한 해커가 금융 기관의 중앙 시버를 공격하면 시스템 전체가 와르르 무너질

중앙 집중식 금융 시스템   블록체인 시스템

수도 있어요. 만일 은행이 망하기라도 하면, 예금을 맡긴 사람
은 법이 정한 금액만 돌려받을 수 있고요. 우리나라는 5천만 원
까지만 보장해 줘요. 사토시 나카모토는 이런 은행을 신뢰할 수
없었어요. 은행의 부실한 경영으로 시작된 글로벌 금융 위기를
통해 중앙 집중식 금융 시스템이 얼마나 취약한지를 알게 되었
으니까요. 그래서 사토시는 사람들에게 제안했어요.

"은행 빼고, 우리끼리 거래해요!"

은행을 거치지 않고 개인끼리 돈을 주고받으면 수수료가 없어요. 말하자면 부동산 사장님 없이 아파트를 팔려는 사람과 사려는 사람이 직거래하는 방식이에요. 서버 해킹에서도 안전해요. 이 새로운 시스템에는 '중앙 서버'라는 게 없으니까요. 이렇게 중앙 집중식 금융을 탈피하는 것을 '탈중앙화'라고 불러요. 이 탈중앙화를 가능하게 한 기술이 바로 그 유명한 '블록체인'이에요.

《조선왕조실록》과 블록체인

《조선왕조실록》은 조선을 건국한 태조부터 25대 왕인 철종까지 472년 조선 역사를 기록한 귀중한 기록물이에요.《조선왕조실록》은 원래 4개였어요. 조선은 똑같은 실록을 4개 만들어서 한양과 충주, 성주와 전주에 따로 보관했어요. 혹시 모를 사고를 대비하기 위해서였죠. 우려는 정말로 현실이 되었어요. 임진왜란과 병자호란, 6·25전쟁을 겪으면서 한양과 충주, 성주에 보관한 실록이 불타서 사라졌거든요. 다행히 전주에 보관한 실록만은 무사했어요. 이것이 현재 전해지는 《조선왕조실록》이에요. 위험에 대비해서 하나의 원본을 여러 개로 만들어 따로 보관하는 원리, 블록체인에도 이 원리가 들어 있어요.

블록block은 말하자면 거래 장부예요. 언제, 누구에게 송금했는지, 상품과 서비스를 구매했는지 등등의 거래 기록을 저장하는 장소지요. 이 시스템에 참여한 사람들과 나의 거래 내용을 공유해요. 정확하게는 다른 참여자의 컴퓨터에 전송되는 거예요. 왜 그럴까요? 이 새로운 거래 시스템은 거래 자료를 저장하는 중앙 서버가 없기 때문에 참여자들이 자신들의 컴퓨터에 원본을 하나씩 보관하는 거예요.

이런 특징 때문에 블록에 저장된 거래 내용은 사실상 위조나 변조가 불가능해요. 은행의 중앙 서버는 하나뿐이라서 해킹할 수도 있겠지만, 전 세계에 뿔뿔이 흩어져 있는 수백만 명의 집에 있는 컴퓨터를 무슨 수로 해킹하겠어요.

그런데 거래 장부가 꽉 차면 새 장부가 필요하잖아요? 블록도 거래 데이터가 꽉 차면 새 블록을 만들어야 해요. 이때, 꽉 찬 블록과 새 블록은 마치 체인으로 이은 것처럼 연결되어 있어요. 그래서 이것을 블록체인block chain이라고 불러요.

블록에 저장된 거래 내용은 신원 확인과 보안을 이유로 암호화 작업을 해야 해요. 그러려면 모든 거래 내용이 제대로 암호화가 되어 있는지 꼼꼼히 확인할 필요가 있겠죠? 그런데 문제 비트코인을 처음 만든 사토시 나카모토를 '비트코인의 아버지'라고 불러요. 그런데 사토시는 신비스러운 인물이에요. 어디에 살고, 어떻게 생겼는지, 심지어 남자인지 여자인지도 몰라요. 사토시 나카모토라는 이름만 보면 일본인 같지만, 가짜 이름이라는 설이 유력해요. 개인이 아니라 단체라는 주장도 있어요. 다만,

사토시 나카모토 동상

2008년까지 사토시 나카모토라는 이름을 가진 프로그래머에 대한 기록이 전혀 존재하지 않았다는 점은 확실해요. 그의 정체가 무엇이든, 사토시는 현재 100만 개 이상의 비트코인을 가졌으리라 예상해요. 현재 가치로 90조 원이 넘는 어마어마한 액수예요. 전 세계 부자들을 재산 순서대로 세운다면 사토시는 20명 안에 들어간다고 해요.

는 이 거래 시스템을 별도로 관리하는 사람이 없다는 데 있어요. 블록체인은 마치 주민 자치 기구처럼 사람들이 시스템에 자발적으로 참여하는 거니까요. 그러니 거래 시스템을 관리하는 귀찮고 성가신 일을 누가 돈도 안 받고 해주겠어요. 그래서 사토시는 이 일을 해주는 사람에게 보상으로 뭔가를 지급하도록

했어요. 그것이 바로 '비트코인'이에요. 요약하면, 사토시는 비트코인을 화폐로 사용하면서 수수료도 없고, 국경도 없고, 은행 같은 중개 기관도 없는 새로운 거래 시스템을 제안한 거예요.

비트코인과 스타벅스 커피

비트코인 소식을 전하는 뉴스 화면에는 큼지막한 B가 새겨진 반짝이는 금화가 심심찮게 나와요. 잘 모르는 사람이 본다면 착각할 수 있어요.

비트코인을 상징하는 이미지

'아! 저게 비트코인이구나!'

코인coin이 동전이라는 뜻이기도 하고요. 하지만 이 금화는 그냥 상징적인 이미지일 뿐이에요. 비트코인은 동전이나 지폐처럼 볼 수 있고, 만질 수 있는 물리적 화폐가 아니에요. 숫자 0과 1로 이뤄진 디지털 데이터, 즉 디지털 화폐예요. 비트코인의 '비트'도 컴퓨터 등에서 사용하는 디지털 단위, 비트bit를 뜻해요.

비트코인은 다양한 이름을 갖고 있어요. 암호화 기술이 적용되어서 '암호화폐', 네트워크 같은 가상 공간에서 사용해서 '가상화폐'로 불리기도 해요. 이름처럼 비트코인은 이미 화폐로 사용하고 있어요. 비트코인으로 스타벅스에서 커피를 마시고, 호텔을 예약하고, 일부 병원이기는 하지만 진료비를 결제할 수 있어요. 멸종 위기에 처한 고래를 지켜 달라며 그린피스에 기부할수도 있어요. 엘살바도르는 2021년 6월, 비트코인을 법정화폐로 인정했고, 한 달 뒤 아르헨티나는 비트코인으로 급여를 지급할 수 있는 법안을 발의했어요.

오늘날 5억 명 넘는 사람이 비트코인 같은 암호화폐를 보유하고 있으며, 마이크로소프트를 포함한 전 세계 1만 5천 개 이상의 기업이 비트코인을 수용하고 있어요. ▶ 비트코인을 현금으로 교환해 주는 비트코인 ATM 기계도 3만 6천 대 이상 설치되

> **법정화폐와 내재 가치**
>
> 법정화폐란 국가가 발행하는 돈이에요. 대표적인 법정화폐는 동전과 지폐예요. 그런데 이것들은 돈이 아니면 가치가 거의 없는 구리 덩어리와 딱딱한 종잇조각일 뿐이에요. 경제학에서는 이것을 '내재 가치가 없다'라고 표현해요. 내재 가치란 내부에 들어 있는 본질적 가치란 뜻이에요. 결국 우리는 내재 가치라고는 없는 동전과 지폐를 돈으로 사용하고 있어요. 이유는 하나, 국가가 '이것만 돈으로 사용해!'라며 법으로 정했기 때문이에요.

어 있어요. 이런 인기에 힘입듯 비트코인은 역사상 가장 빠르게 12년 만에 시가 총액 1조 달러를 달성했어요. 세계적인 IT 기업인 애플이나 구글보다 빠른 속도였어요.

이런 추세라면 비트코인이 미래의 화폐가 될 수도 있지 않을까요? 엘살바도르가 그랬듯 다른 나라에서도 비트코인이 법정화폐와 어깨를 나란히 하거나, 아예 지폐와 동전을 밀어내고 단독 법정화폐에 등극하는 날이 올 수도 있지 않을까요?

돈의 조건

좀 뜬금없지만, 잠깐 소 이야기를 할게요. '음매' 하는 그 소 말이에요. 소는 기원전 9000년 전부터 유럽에서 돈으로 사용되었

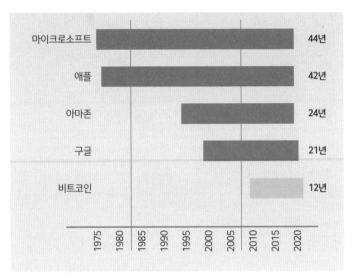

시가 총액 1조 달러를 달성하는 데 걸린 시간

어요. 그 흔적이 지금도 언어에 남아 있어요. 영어에서 '자본'을 뜻하는 캐피털capital의 어원은 '소 떼'를 뜻하는 캐틀cattle이에요. 하지만 소는 끝내 화폐로 살아남지 못했어요.

　돈이 되기 위해서는 기본적인 속성을 갖춰야 해요. 잔돈으로도 쓸 수 있게 작은 단위로 나눌 수 있어야 하고, 들고 다니기 편해야 하고, 튼튼하고 오래가야 하며, 너무 흔해도 곤란해요.

　그런데 소는 이 조건 중 어느 하나도 충족하지 못했어요. 소는 생명체라서 조각조각 토막 내면 죽어버려요. 또 수명이 20년 정도라 내구성도 약해요. 덩치가 크고 무거워서 들고 다니기도 불편해요. 게다가 너무 흔해요. 오늘날, 약 80만 마리의 소가 매일 도살장에서 죽어나가는데도 지구에는 여전히 10억 마리 넘게 소가 있어요.

이런 까다로운 돈의 조건을 완벽하게 만족시킨 물질이 하나 있었어요. 바로 '금'이에요. 금은 금속인데도 성질이 물렁물렁해서 쉽게 쪼개져요. 또 금은 녹슬지도 않고 변색되지도 않아요. 작은 반지나 귀걸이로 만들 수 있을 정도로 휴대성도 좋아요. 게다가 아주 귀해요. 이런 특징 때문에 금은 수천 년간 주화의 재료가 되었어요.

그럼 비트코인은 어떨까요? 비트코인은 1억 분의 1 단위로 나눌 수 있어요. 예를 들어, 비트코인 1개가 1억 원이라면, 1원만큼도 살 수 있어요. 또 본질이 디지털 데이터여서 최강의 내구성을 자랑해요. 디지털 데이터는 닳거나 찢어지거나 녹슬 일이 없으니까요. 비트코인은 무게라는 개념 자체가 없어서 휴대

돈의 속성
- 작은 단위로 나뉜다. >>> 소액 분할 가능성
- 들고 다니기 편하다. >>> 휴대성
- 튼튼하고 오래간다. >>> 내구성
- 흔하지 않다. >>> 희소성

돈의 기본 속성을 갖춘 금

도 너무 편해요. 천억 달러 가치의 비트코인도 USB나 전자 지갑, 휴대폰 등에 저장해서 사용할 수 있어요. 마지막으로 비트코인은 발행량이 2100만 개로 딱 정해져 있어서 너무 흔하지도 않고, 너무 귀하지도 않아요. 이렇게 금과 많이 닮아서 비트코인을 '디지털 금'이라고도 불러요.

하지만 이것만으로 비트코인이 미래의 화폐가 될 거라 믿는다면 그건 지나치게 낙관적이에요. 화폐로 쓰이려면 돈의 속성은 물론 돈의 기능까지 겸비해야 하니까요. 돈의 기능은 여

📍 **전자 지갑**

전자 지갑은 암호화폐를 저장하는 곳을 말해요. 영어로 디지털 월렛digital wallet이라고 해요. 전자 지갑은 크게 핫 월렛과 콜드 월렛, 두 종류가 있어요. 핫 월렛hot wallet은 스마트폰처럼 인터넷에 연결된 기기에 암호화폐를 저장하는 소프트웨어이고, 콜드 월렛cold wallet은 진짜 지갑처럼 인터넷과 상관없이 암호화폐를 보관하는 것을 말해요. USB가 대표적인 콜드 월렛이에요.

러 가지가 있어요. 우리가 돈을 내고 편의점에서 콜라를 사거나, 미용실에서 머리를 다듬는 것을 경제학에서는 '돈으로 상품과 서비스를 교환한다'라고 표현해요. 이것이 돈의 '교환 매개' 기능이에요. 매개는 수단이라는 뜻이에요. 그런데 비트코인은 이 항목에서 좋은 점수를 받기가 힘들어요. 비트코인으로 결제할 수 있는 점포와 기업이 있다고는 하나 극히 일부에 불과해요. 비트코인으로는 떡볶이를 사 먹을 수 없고, 세금도 내지 못해요. 비트코인을 거부하는 곳이 훨씬 많아요. 물론 비트코인을 받는 곳이 계속 늘고 있으니 좀 더 지켜볼 필요는 있어요.

우리가 1만 원을 안심하고 은행에 예금하거나 금고에 보관하는 이유는 시간이 흘러도 그 가치가 1만 원일 거라는 믿음 때문이에요. 물론 가치가 1만 원보다 오르면 더할 나위 없이 좋겠지요. 이것이 돈의 '가치 저장' 기능이에요. 2011년 1달러였던 비트코인은 2024년 약 7만 1000달러 수준으로 가격이 믿을 수 없을 만큼 올랐어요. 이런 상승세가 앞으로도 계속될지는 알 수 없지만, 가치 저장 수단으로써 비트코인은 지금까지는 후한 점수를 받을 자격이 있어요.

문제는 돈의 '가치 척도' 기능이에요. 비트코인의 가치 급등은 아이러니하게도 화폐로서 치명적인 결함을 드러내고 말았어요. 화폐는 가치가 안정적이어야 사람들이 안심하고 사용할 수 있어요. 라면을 주문할 때는 1000원이었는데, 다 먹고 나니 1500원이나 500원이 된다면 소비자와 판매자 모두 혼란스러울 거예요. 라면 한 그릇의 적정 가치가 얼마인지 짐작조차 할 수 없으니까요. 그런데 비트코인 가격은 롤러코스터처럼 들쑥날쑥해요. 단 몇 분 만에 10% 이상 오르는가 하면, 단 사흘 만에 80% 이상 하락하는 등 도무지 종잡을 수 없어요. 가치 척도 기능에서 비트코인은 낙제점을 피할 수 없어요.

돈의 기능
- 물건을 사고팔거나 서비스를 이용한다. >>> 교환 매개 기능
- 가치를 저장하는 수단으로 사용한다. >>> 가치 저장 기능
- 물건이나 서비스의 가치를 측정한다. >>> 가치 척도 기능

　이런 문제점 때문에 오늘날 대부분 국가는 비트코인을 법정 화폐로 인정하지 않아요. 대한민국 정부는 비트코인과 같은 디지털 화폐를 '가상 자산'이라고 부르고 있어요. 가격이 오르고 내리는 폭이 큰 비트코인은 주식이나 금과 같은 투자 자산이지, 돈은 아니라며 명확하게 선을 그은 거예요.

　그런데 중앙정부가 비트코인을 돈으로 인정하지 않는 데에는 또 다른 이유가 있어요. 정부는 한국은행 같은 중앙은행을 통해 국가 경제가 원만하게 기능하도록 경제 정책을 적절하게 판단하고 결정해요. 그리고 필요에 따라 시중에 돌아다니는 돈의 양(통화량)을 고무줄처럼 줄였다 늘였다 조절해요. 이렇게 돈과 경제를 통제하면서 정부는 공권력의 존재 가치와 권위를 증명할 수 있어요. 그런데 비트코인에는 이게 잘 안 먹혀요. 비트코인은 한국은행 같은 중앙은행이 발행한 돈이 아닌 데다, 은행과 중앙정부의 통제를 거부하는 탈중앙화를 강령으로 내세우며 탄생했으니까요. 그래서 사실 정부는 이런 암호화폐를 별로 좋아하지 않아요.

게다가 비트코인은 탈세나 떳떳하지 못한 방법으로 얻은 돈을 정부가 추적할 수 없도록 꼭꼭 숨기는 데 이용하기도 해요. 더러운 돈을 깨끗하게 보이려고 여러 방식으로 탈바꿈하는 것을 '돈세탁'이라고 불러요. 예를 들어, 뇌물로 받은 돈과 마약을 판매해서 벌어들인 돈을 비트코인으로 바꿔서 세무 당국의 추적을 피하는 거예요. 비트코인은 암호화된 블록체인에 존재하는 데다, 사용자의 이름이 익명이라서 드러나지 않아 추적이 어마어마하게 어렵거든요. 사냥꾼이 밀림 속으로 달아난 호랑이를 쫓는 것처럼 막막해요.

중국에서는 돈을 비트코인으로 바꿔 나라 밖으로 유출하는 일까지 있었어요. 중국은 국민 한 명이 국외로 반출할 수 있는 외화 금액을 최대 5만 달러로 제한했는데, 중국 부자들은 그보다 많은 돈을 비트코인으로 바꿔 국외로 몰래 빼돌렸어요. 그 규모가 무려 500억 달러 이상이었어요. 뿔이 난 중국 정부는 2021년 비트코인을 포함한 모든 암호화폐의 거래를 금지했어요.

돈으로 사용된 담배

1584년, 영국인 월터 롤리는 긴 항해 끝에 신대륙이라 불리던 지금의 미국 북부 해안에 도착했어요. 롤리는 당시 영국 군주이자 버진퀸(처녀여왕)이라 불리던 엘리자베스 여왕을 기리는 의미로 그 땅의 이름을 버지니아라고 지었어요.

버지니아에 정착한 이주민들은 먹고살기 위해 신대륙의 토착 식물인 담배를 재배했어요. 그리고 수확한 담배를 유럽에 수출했는데 품질이 워낙 좋아서 날개 돋친 듯 팔렸어요.

그런데 17세기가 되자, 영국 정부가 식민지인 신대륙에 금화가 유출되지 못하게 막았어요.▶ 쓸 돈이 부족해진 버지니아 주민들은 말린 담뱃잎을 법정화폐로 사용했어요. 담배로 옷과 식료품을 사고, 세금까지 냈지요. 담배가 돈으로 사용되자 버지니아 주민들은 앞다퉈 담배를 심었고, 그 결과 담배가 너무 많아졌어요. 돈은 너무 흔하면 가치가 떨어져요. 결국 버지니아는 18세기에 담배 화폐를 없앴어요.

담배가 돈으로 사용된 사례는 또 있어요. 제2차 세계대전 중, 적십자사는 독일군의 포로가 된 연합군에게 담배를 보내주곤 했어요. 포로들은 이 담배를 수용소 안에서 돈으로 사용했어요. 의외로 담배는 쓸 만한 화폐였어요.

담배는 습기에 약하고 쉽게 부서지는 성질 때문에 내구성은 형편없었지만, 작고 가벼워서 휴대하기가 좋았어요. 또 소액의 동전처럼 담배 한 개비로 나눠서 사용할 수 있었고, 수용소에서는 쉽게 구할 수 없는 물품인 만큼 희소성도 있었어요.

18세기, 버지니아에서 생산된 담배를 홍보하는 포스터

놀랍게도 담배는 돈의 기능도 그런대로 갖추고 있었어요. 당시 포로 대부분이 흡연자여서 담배의 가치가 꽤 높았거든요. 포로들은 이 담배로 초콜릿을 사거나 독일 경비병에게 잘 봐 달라며 뇌물로 주곤 했어요. 돈의 교환 매개 기능이에요. 몇몇 포로들은 지급된 담배를 피우지 않고 꼬불쳐 두었다가 나중에 비싼 물품과 맞바꿨어요. 돈의 가치 저장 기능이에요. 마지막으로 수용소에서 담배의 가치는 늘 안정적이어서 포로들은 담배로 수용소에서 거래되는 상품과 서비스의 가격을 책정할 수도 있었어요. 돈의 가치 척도 기능이에요.